001

002

003

004

005

006

008

009

010

011

012

013

014

030

031

032

033

034

037

038 SALE

035

036

039 This AFFECTS YOU

040

041 WELCOME

042 BIG NEWS

043 LETS GO

044 10%

045

046

047

048

049

050

051

052 IDEA

053 BE ON TIME

054 A FAST ONE

055 WRITE NOW

056 SALE

057 Dont Forget

INSURANCE POLICY

Save while you protect

074

075

076

077

078

079

080

081

Your Remittance is Overdue

082

083

084

085

086

087

088

089

090

091

092

093

094

095

096

097

098

099

100

101

102

103

104

105

106

107

108

109

110

111

112

113

114

115

116

117

118

119

120

121

122

123

124

125

126

127

128

129

130

131

132

133

134

135

136

137

138

139

140

141

142

143

144

145

146

147

148

149

150

151

FOOTBALL

152

153

154

155

156

157

158

159

160

161

162

163

BROWN OF HARVARD

164

165

166

167

168

169

170

171

172

173

174

175

176

177

Tee

178

179

180

181

182

183

184

185

186

187

188

189

190

191

192

193

194

195

196

197

198

199

200

201

202

203

204

BASKET-BALL

205

206

207

208

209

210

211

212

213

214

215

TRACK

216

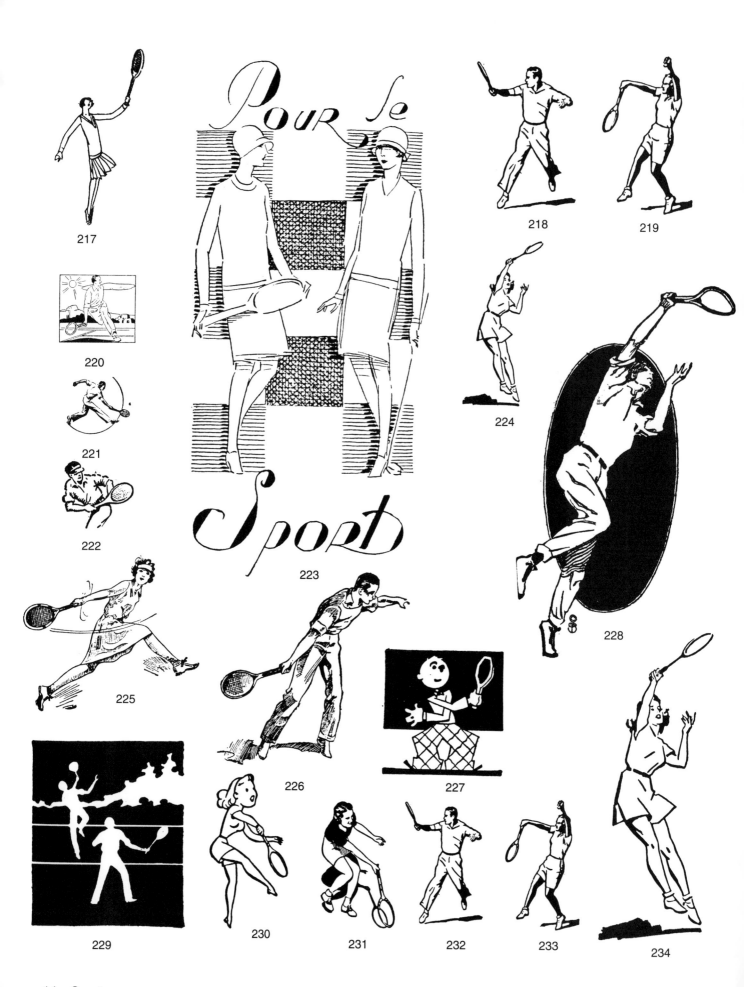

Pour le Sport

217

218

219

220

221

222

223

224

225

226

227

228

229

230

231

232

233

234

235

236

237

238

239

240

241

242

243

244

245

246

247

248

249

250

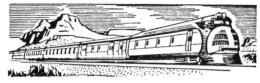

251

252

253

254

255

256

257

258

COURTESY

260

259

261

262

263

264

265

266

267

268

269

270

271

272

273

274

275

276

278

277

279

280

281

282

283

285

284

286

287

288

291

293

289

296

290

292

294

295

297

298

299

300

301

302

304

305

303

306

307

308

309

310

311

312

313

314

315

316

317

318

319

320

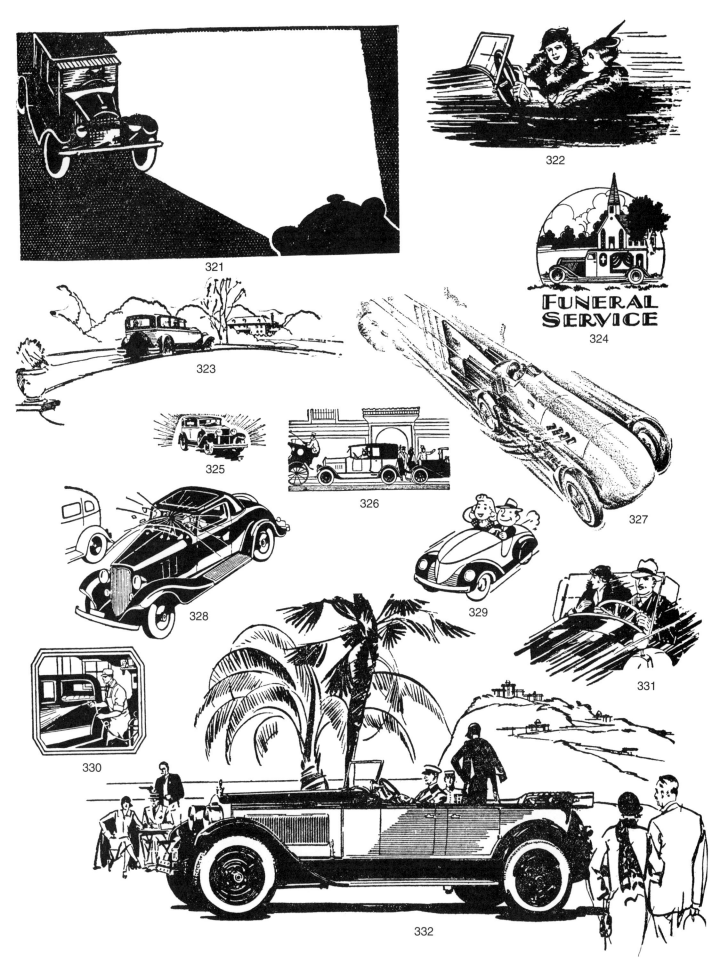

321

322

324

323

325

326

327

328

329

330

331

332

333

334

UNITED MILK CO.

UNITED MILK CO.

335

336

337

338

339

340

341

342

343

344

COAL and COKE

345

346

347

348

349

350

351

NO PITCHING !

352

NO SIDE-SWAY !

353

NO ROLL !

354

355

356

357

358

359

360

361

362

Dependable Taxi service

RADIATORS

365

AutoLaundry

AUTO GLASS

367

Let us doctor your radiator

368

Accidents WILL HAPPEN

Let us fix 'em.

369

Used Cars

370

363

371

372

Parking

373

DAY *and* NITE **pull·in service**

PHONE   US

374

375

AUTO GLASS

376

AUTO INSURANCE

377

IGNITION SERVICE

378

MOTOR REPAIR

379

380

381

382

383

384

385

386

387

388

389

390

391

392

393

394

395

398

396

397

Dependable
Taxi service

399

400

401

402

403

404

405

406

"Where shall we stay?"

407

408

409

Ser'vice IS WHAT we give you

412

LUGGAGE

411

413

410

419

417

418

415

Service our first thought

416

420

421

TRAVEL by BUS

422

423

424

425

426

427

428

429

430

431

PRETTY SWANK

432

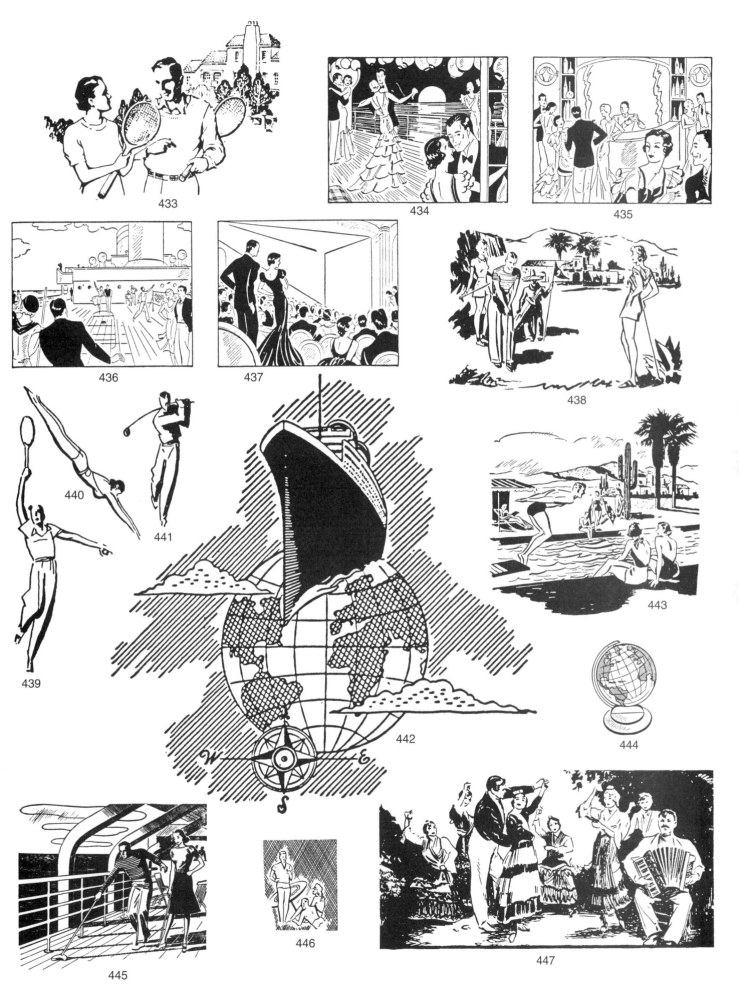

433

434

435

436

437

438

439

440

441

442

443

444

445

446

447

448

449

450

451

452

453

454

455

456

457

458

459

460

461

462

463

464

465

466

467

468

469

470

471

472

473

474

475

476

477

478

479

480

481

482

483

484

485

486

487

488

489

490

491

books and magazines

493

495

496

492

494

The Listening-Post
498

497

499

500

514

515

516

517

518

519

520

521

522

523

524

525

526

527

528

529

530

531

553

554

555

556

557

558

559

560

561

Painless Method used by us

562

563

564

565

566

SNIFF SNIFF SNIFF

567

BOO!

568

PRESCRIPTIONS

569

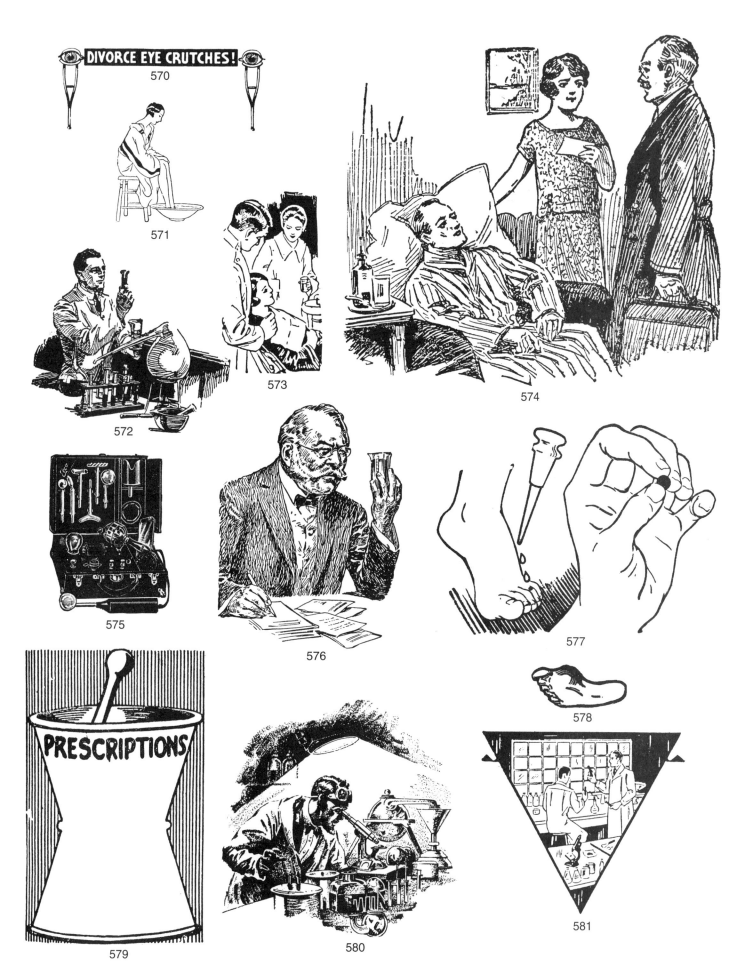

DIVORCE EYE CRUTCHES!

570

571

572

573

574

575

576

577

578

PRESCRIPTIONS

579

580

581

"A Swell Affair"

582

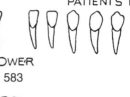

UPPER

PATIENT'S RIGHT   PATIENT'S LEFT

LOWER

583

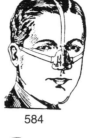

584

585

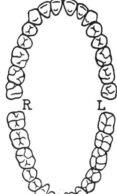

586

587

R   L

588

585

589

590

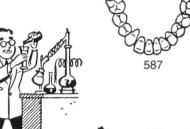

591

592

593

594

595

596

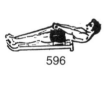

WALL EXERCISER

HAND GRIPS

SKIP ROPE

FOOT STRAP

605

601

597

598

599

600

602

603

BACK TO NATURE!

604

606

607

608

609

610

611

612

613

614

615

616

617

618

619

620

621

622

623

624

625

626

627

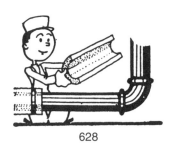

628

We make Keys

629

MACHINE SHOP

630

631

Mechanic and Broker

632

KEYS

634

633

Why Bugs Leave Home

635

636

637

638

PLUMBING
AND FIXTURES

639

640

DEPENDABLE
PLUMBING
PLUMBING FIXTURES

PROMPT SERVICE

CALL US

641

PLUMBING

642

PLUMBING
HEATING *Service*

645

PLUMBING
ALTERATIONS
AND REPAIRS
"NO JOB TOO SMALL"
~

643

644

NEED A
PLUMBER?

QUICK SERVICE

646

At Your
SERVICE

647

Fixtures

ELECTRICAL WORK

648

EASY!

649

652

Electrical
wir'ing

650

ELECTRIC SERVICE

651

LIGHTING
FIXTURES

654

Electrical
SERVICE

655

Electrical
Service

656

ELECTRICAL
REPAIRING

653

657

Ver'min
Exterminator

658

659

Weather Stripping

660

Carpenter and repair work

661

662

663

Carpenter and repair work

664

CARPENTRY
ALL KINDS OF BUILDING

665

666

671

Asbestos Covering

667

668

669

670

CONTRACTORS

672

673

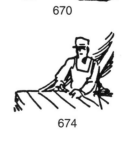

674

House wrecking

675

676

677

678

679

680

681

682

683

684

685

686

687

688

689

690

691

692

693

694

695

697

699 PAINTING

696

698

700

701

702

703 House Painting

704 PAINTERS

705

706

707 House Painting

708

Plastering

ANY SIZE JOB

709

PLASTERING

710

PLASTERING

711

PlasticWork

712

Shades

713

WALL PAPER

Beautiful designs

714

PLASTERING

715

STORM WINDOWS

SCREENS

717

BOXES
WE MAKE ANY
SHAPE OR FORM

716

PLASTERING

718

UPHOLSTERING

719

WALLPAPER

720

721

AWNINGS

722

AWNINGS

723

Window Cleaning

Service

724

725

726

727

728

729

730

731

732

733

734

735

736

737

738

739

740

741

742

743

744

745

746

747

748

749

750

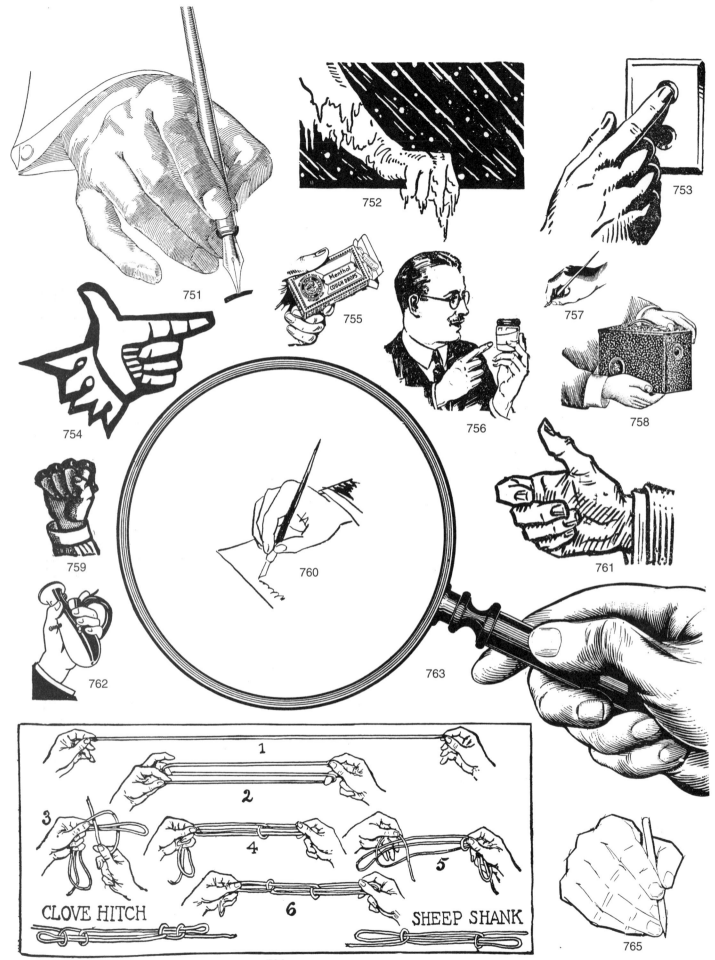

751

752

753

754

755

756

757

758

759

760

761

762

763

CLOVE HITCH

1

2

3

4

5

6

SHEEP SHANK

764

765